für Susanne und Tom —
März 2004
Christa.

Ob auf dem Weg
eine Spur bleiben wird
oder nicht – bedachtsam
will meinen Weg ich gehen.

S. NOBUTSUNA

CHRISTA IVERSEN

DER LIEBE MEINES LEBENS - HOLGER

BRONZE

5

BRONZE

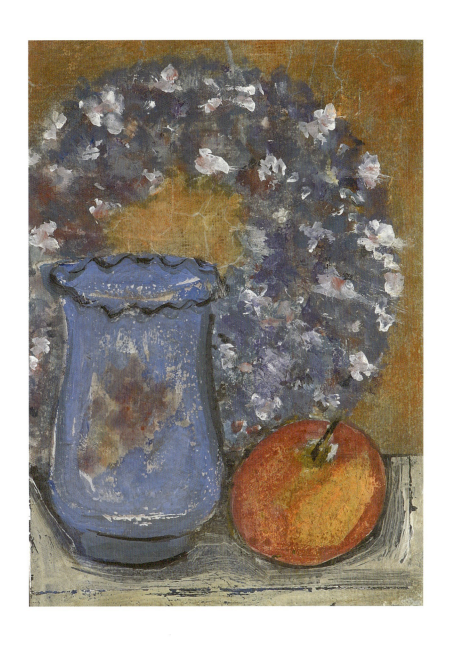

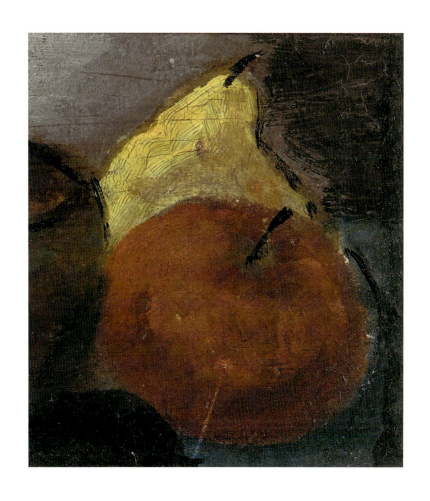

In dir

Über dir
Sonne Mond und Sterne

Hinter ihnen
unendliche Welten

Hinter dem Himmel
unendliche Himmel

Über dir
was Deine Augen sehen

In dir
alles Sichtbare
und
das unendlich Unsichtbare

ROSE AUSLÄNDER

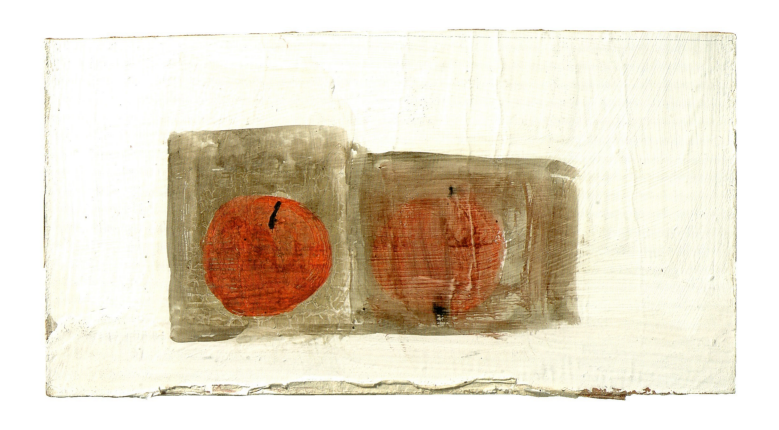

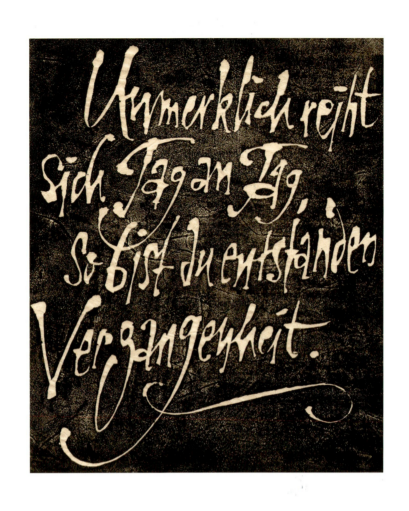

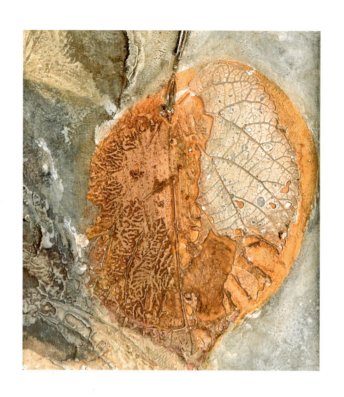

Friede mein Herz –

Lass süß die Zeit des Abschieds sein

Lass ihn Vollendung sein – nicht Tod,

Lass Liebe zur Erinnerung werden

Und Lieder aus dem Schmerz erblühn,

Lass deiner Hände letzte Zärtlichkeit

So sanft sein, wie die Blüte einer Nacht.

Halt stille einen Augenblick

O wunderbares Ende –

Und sage deine letzten Worte

Hinein ins Schweigen.

Ich neige mich vor dir,

Hoch halt ich meine Lampe –

den Weg dir zu erhellen.

RABINDRANATH TAGORE

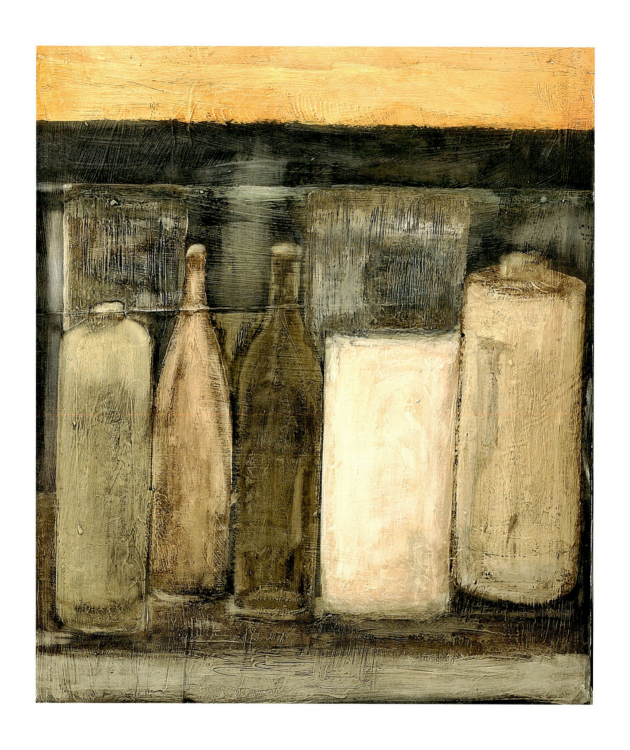

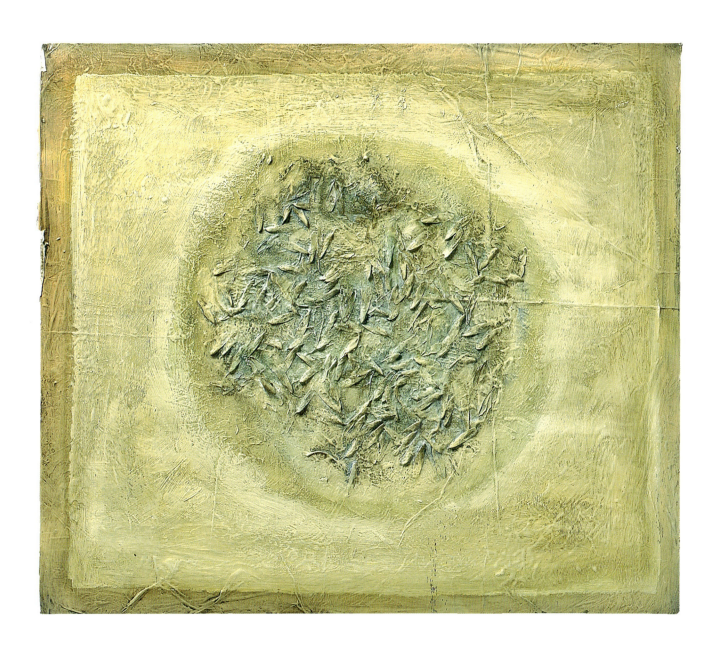

150

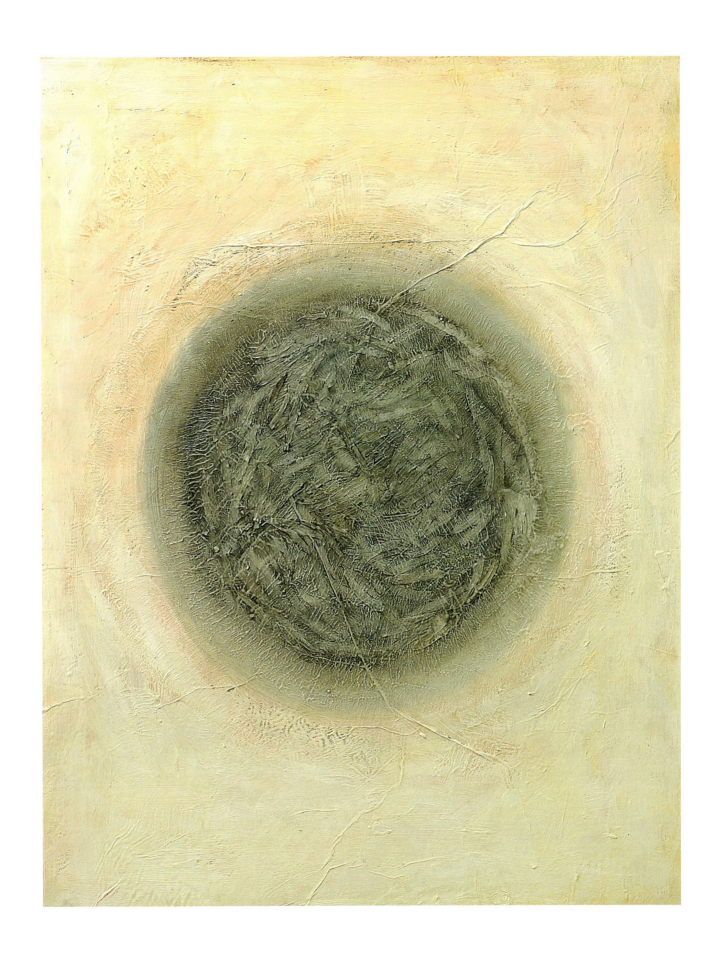

Aber ich weiss

War ich ein Falter
vor meiner Geburt
ein baum oder
ein Stern.

Ich habe es vergessen.

Aber ich weiß
dass ich war
und sein werde
Augenblicke
aus Ewigkeit.

ROSE AUSLÄNDER

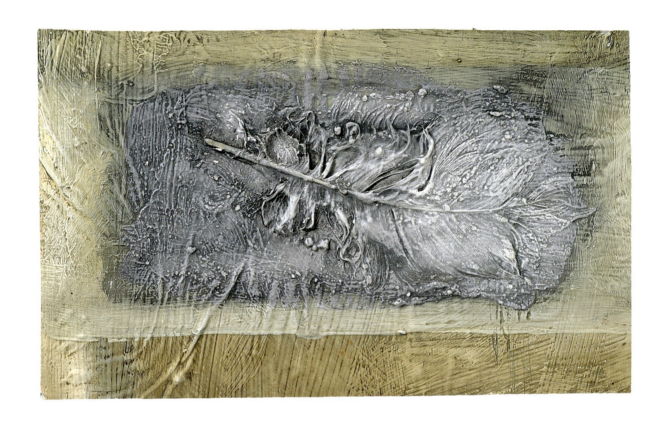

181

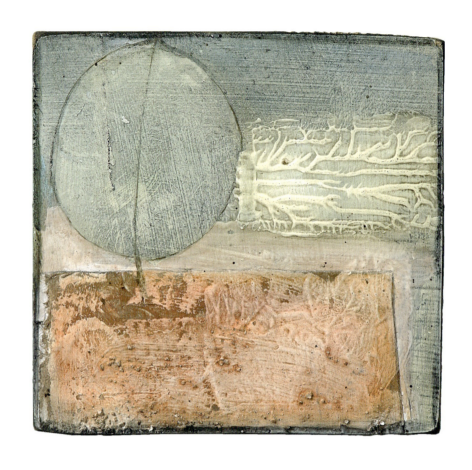

191

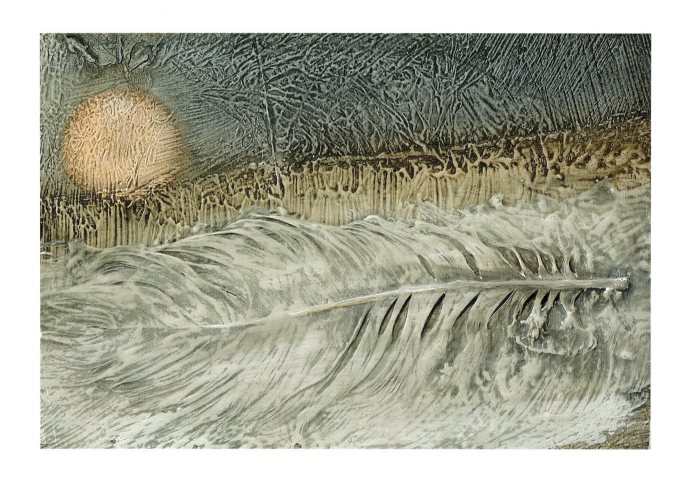

deceevit quondam senatus uti opimius consul videret ne quid res pu
publica detrimenti caperet nox nulla intercessit interfectus est propter est
quasdam seditionum suspiciones gracchus clarissimo patre avo maiorib
us occisus est cum liberis saturni consulis. simili senatus consulto esto
um utitur nimmmt omnia numeca verum sevielium practurima
mors as re publicae potra remotato est at vero nos viceesimum iam
diem patmur hebescere actum horum auchoratatis habemus enim emfeo
eius modi seuatus consultum verum inclusum in tabulis tanquam
tanquam in vagina reconditum quo est consulto confestim interfectum
te est catilinum convenit omnium numeosecium vivis et vivis veno
confirmandam audaciam memoria cupio conscriptum est messe tonqua
quam sed etiam me inetha naquethaquuca condemno casta fund via
italia contra populum romanum in cluviuae funebus convocata eces
est in dies singulis hostium numerus omnium eorum autem casterum
omnium messia catorum imperatorumoen ducemque hostium intra moe
nium atque adeum in senatu eorum autem videmus intestomumequi
molienturr verum antecenum remommon hoc omnis credo factumumoe
nombus omma tamcum caufi omnm nondu tomque quam diu est

veeendum mihi ne non potius hoc omnis romanum est eorum autem caste
casterum imperatorum praetorem condemno ducemque hostiuma numer
numerus intra omnium moenia atque adeo insenato videmus inte... o
diponentulum intestinum aliquam cotidie pernicium republicae molie
molientum se te iam catilia complendit mar fumpcefi iudicat omnium
immanitum senilifi ne non potetum hoc omnes boni serius alpno a me ou
rerum hec quod numqis quod iam hoc pridum factium esca oportuut ice
certe de caufi nondum addutur ut faciam denique interficere cum vio
cum iam iam nano tam improbus tam perditus tam tui similis omnium e
defendet. Audeat divit ut nue multis mas fiemit prius prius primus prius oe
ne commodere te contra rem publicam possis multorum a meeoeo
sicut contra multorum etiam ocuh ocures omnia cauffi aemolumnis ece
huctonello montetum amnum catulma oetentum camptufio contraehvol
ocult et aures mentisio contracta omnium caffello montisona costroe
mar fumpcefi menth montial octaman monfiie confrellatio infimtili
denmum quid est catalino quod iam amipuli nequex tuecius coehmune
coloconque obesuare colocnomomoteph omnium que eum eteocnone
omma intealacta conticore obscuare coctuus pravio domus praecuism

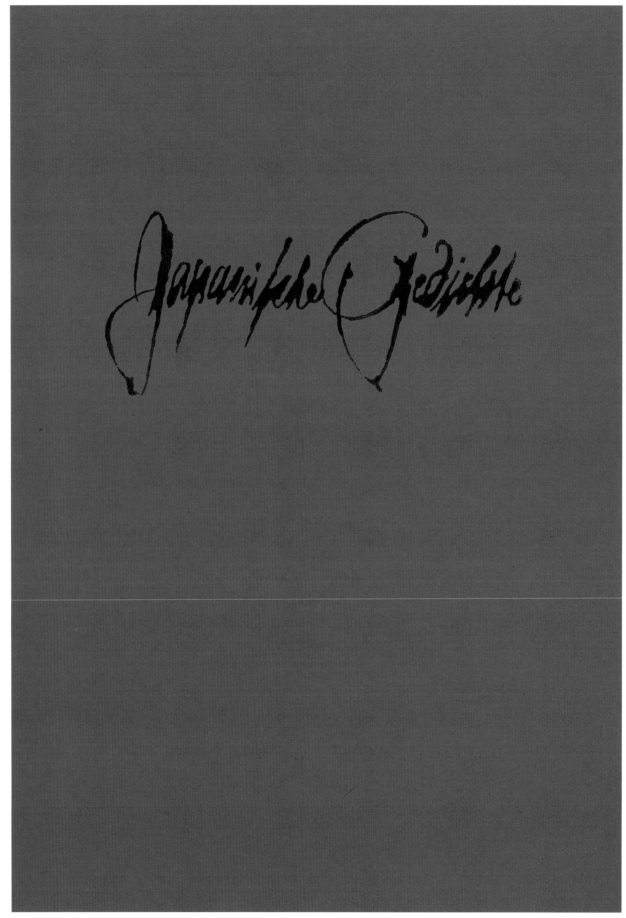

Japanische Gedichte

215

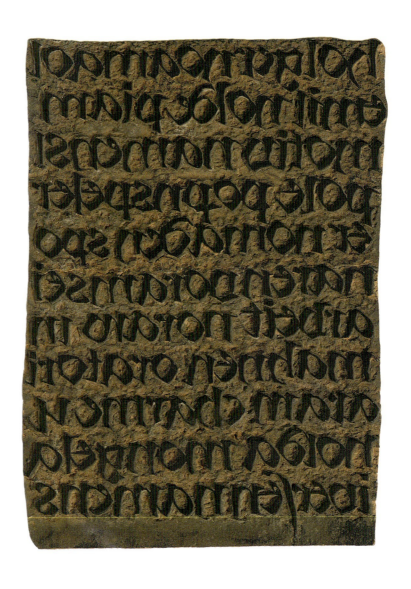

2003

CHRISTA IVERSEN – EINE BEGEGNUNG

Von ihrem Leben – von Haus, Tieren, Atelier, dem großen Land und der
Weite des Blickes, von einer Welt der Großzügigkeit und Schönheit.

Ich hatte zuerst ihre Bilder gesehen. Stille Bilder voller Licht –
beglückende Bilder –, zu einer inneren Lebendigkeit anregend. Ich war
gespannt auf eine Begegnung mit ihr.
Auf ihren Hausweiden des Geesthanges, mit Blick über das weite Land,
treffe ich sie, begleitet von ihren beiden Riesenschnautzern. Wir gehen in
das reetgedeckte Haus und finden uns in Räumen, die verzaubern, die
so reich sind an künstlerischem Ausdruck. – Später führt uns der Weg in den
Garten, der einem Paradies gleicht, eine Fülle, in der Naturgeister
sichtbar wirken. Und immer wieder der Blick in das weite Land, die Elbmarsch.
Ein Leben im Einverständnis mit der Natur und in steter Zwiesprache mit ihr.

2003

1987

1956

1956

1935 bin ich in Hamburg geboren. Von 1940 bis 1947 lebe ich mit meiner Mutter auf deren elterlichem Hof in Büsum. Es sind Kriegsjahre, mein Vater ist Soldat. Wohl eine Zeit, in der meine Liebe zur Marsch und zu den Tieren entsteht. Draußen in der Natur sein und leben zu dürfen – dafür spüre ich bis heute tiefe Dankbarkeit. Da mein Vater sehr musikalisch war und Klavier spielte, erhofften sich meine Eltern dies auch von mir, und so begann ich früh mit dem Klavierspiel. Später führt mich die Liebe zu alter Musik zum Cembalo. Frau Ilse Leip in Blankenese ist eine Zeit lang meine Lehrerin.

Während der Schulzeit in Hamburg fällt ihre schöpferische Begabung auf. Sie interessiert sich für alte Buchkunst, beschäftigt sich mit Schriften des Mittelalters und folgt dem Rat ihres Lehrers, Buchgrafik zu lernen.

1953 Beginn einer dreijährigen Lehrzeit im Hamburger Druck- und Verlagshaus Broschek & Co.

1955 erste Begegnung mit Holger Iversen. Behutsam und unerschütterlich entwickelt sich eine tiefe Beziehung.

1955–1958 Staatliche Akademie der Bildenden Künste Stuttgart am Weißenhof. Typografie, Buch- und Schriftgrafik bei Prof. Walter Brudi. Malerei bei Prof. Walter Neuner – Akt, Lithografie, Bildhauerklasse.

1958 zurück in Hamburg, mache ich mich selbstständig als Grafikerin, mit allmählich sehr guten Aufträgen: Hamburger Abendblatt, Christians Verlag, die Kammerspiele, die Staatsoper u. a.

INKEN

JULIUS UND INSA

ERIK

VIVIEN

NANNA

JULIAN

In diesem Jahr heiraten Holger und ich. Durch meinen Mann lerne ich den Kirchenrestaurator Fred Ther kennen und kann des öfteren in seiner Werkstatt mitarbeiten. Die Schwingungsfelder alter Kirchen waren immer wieder inspirierend, um einzutauchen in die frühere kultivierte Malerei. Ziel war es hier stets, nach künstlerischer Interpretation die ästhetischen Werte zu bewahren, wiederherzustellen und sichtbar zu machen.

Wir wohnen in der ersten Zeit in Hamburg-Niendorf, wo 1960 unser Sohn Erik geboren wird.

Am 11. 11. 1961 ziehen wir aufs Land, auf den Geesthang der Elbmarsch, in unser – nach einem alten friesischen Grundriss – selbstgebautes Haus. Die Stille und der Frieden hier in der Marsch sind überwältigend, und das erlebe ich bis heute. Dort kommt 1963 unsere Tochter Inken zur Welt.

Ich stelle berufliche Arbeiten ein. Auf dem Lande zu leben mit unseren Kindern, Pferden, Hunden, mit Musik und Malerei macht uns überglücklich. Freundschaftliche Beziehungen entwickeln sich zum Dirigenten Hans Schmidt-Isserstedt und seiner Frau Helga. Gemeinsame Interessen und Zuneigungen bringen uns oft zusammen, auch mit dem Pianisten Ferry Gebhardt und seiner Frau Margret, die meine enge Freundin wird. Freundschaften bis zum Lebensende. Als 1964 das Freilichtmuseum Molfsee gebaut wird, dessen Mitbegründer mein Mann ist, kaufen wir ein kleines Fachwerkhaus, tragen es mit Freunden ab und stellen es bei uns wieder auf. Das wird mein Arbeitsraum, daneben die Boxen der Pferde. Meine Reiterei kann ich über 30 Jahre intensiv leben. –

BEI UNS GEBOREN - MELOS 1978-2001

1978

1978

JAGD IN DER HEIDE - STIMBEKHOF

1983

Unsere immer während Sehnsucht nach Sylt lässt uns dort für Teile des Jahres sesshaft werden. Am Dorfteich in Wenningstedt finden wir unseren D-Zug, ein winziges, schmales (Ab)teil vom alten Witthüs. So kann ich während des Sommers oft dort sein und malen. Neben mir hat der Maler und Bildhauer Franz Reckert sein Atelier. Unser enger Freund Claude Lambert hat sein Atelier im Sommer in Kampen. Es ist die Liebe zu Sylt, den Atem der Welt und ihren Gesang zu spüren, täglich neu das Zusammenspiel der Elemente zu verinnerlichen, den Wind – dieses himmlische, unberechenbare Kind –, der alles immer und immer wieder neu zusammensetzt, das Wasser, die Gerüche, Landschaften, Farben zwischen Himmel und Erde, die immer inspirierend – und oft auch fordernd – viele kreative Ideen umsetzen lassen.

Die gezeigten Bilder sind Aquarelle auf sehr verschiedenen Untergründen. Sie wirken klar, geordnet und sinnlich zugleich. Die Farben leuchten aus sich heraus in schwebenden Überlagerungen und Transparenzen. Nach Jahren der annähernd naturalistischen Malerei hat es in Christa Iversens Arbeiten viel Weiterentwicklung gegeben. So hat die Abstraktion der letzten Jahre die beste Grundlage, ohne die solche Klarheit und Bewusstheit in ihren Bildern nicht denkbar wäre.

Es hat eine Zeit gebraucht, bis ich zu meiner individuellen Technik gefunden habe, die es mir ermöglicht, mit Aquarellfarben in jeder Formatgröße zu arbeiten. Die Malgründe, die ich aus verschiedenen Materialien anlege, erhalten die Farben am Leuchten. So brauche ich kein Glas vor meinen Arbeiten, das würde die Unmittelbarkeit, auch die Farben beeinträchtigen. Bewusst gebe ich meinen Bildern keine Titel. In den 80er Jahren sind viele Freundschaften im Ausland entstanden. In Schweden, Dänemark, England, den Niederlanden, der Schweiz befinden sich viele meiner Bilder.

OSTSEITE WERKSTATT

ATELIER

UNSER KLEINES FACHWERKHAUS VON 1754

SYLT – D-ZUG

ASINJA UND TULA 2003

226

Abschied und Aufbruch. – 1988 tiefer Einschnitt in meinem Leben.
Holgers Tod. Danach Jahre des Zurückgezogenseins.
Sein Tod und sein Sterben haben mein Gefühl für die geistige Welt,
die hinter der sichtbaren liegt, immer mehr erwachen lassen.
Die Geisteswissenschaft Rudolf Steiners (Anthroposophie) wird
zunehmend eine Kraftquelle. Die Malerei wird wieder mehr
zu meinem Mittelpunkt. Ein großer Teil der in diesem Bildband
gezeigten Arbeiten ist in den letzten Jahren entstanden.
Seit 1970 schreibe ich Tagebuch ohne Ausnahme – und die Zeit
verfliegt. Die Vergangenheit ist niemals tot – sie ist nicht einmal
vergangen (William Faulkner). Manchmal sind meine Bilder wie
Tagebücher der Zukunft.

1935	geboren in Hamburg
1940–1947	in Büsum, Kriegsjahre
1953	Abschluss der mittleren Reife und Lehre im Hamburger Druck- und Verlagshaus Broschek & Co.
1955	erste Begegnung mit Holger Iversen
1955–1958	Staatliche Akademie der bildenden Künste Stuttgart, am Weißenhof
1958	Vermählung mit Holger Iversen
1960	Geburt unseres Sohnes Erik
1961	Umzug aufs Land
1963	Geburt unserer Tochter Inken
1964	wir bauen unser Fachwerkhaus auf
1968	meine Eltern ziehen in ihr Haus in unserer Nähe
1975	große Schwedenreise
1979	Philippinen-Reise
1980	Inken drei Jahre in Worpswede. Hand- und Gobelinweberei, Haus im Schluh bei Bettina Müller-Vogeler
1980	Geburt von Vivien, Eriks erster Tochter
1983	Geburt von Nanna, Eriks zweiter Tochter
1984	Schweden-Reise
1984	Inken geht für sieben Jahre nach Stockholm, Schweden, zur weiteren Ausbildung in textiler Kunst; später eigenes Atelier
1984	Tod meiner Mutter
1985	Geburt von Julian, Eriks Sohn
1988	Holgers Tod
1990	Tod meines Vaters
1991	Geburt von Julius, Inkens Sohn
1992	Malerei wird vermehrt Mittelpunkt
1996	Geburt von Insa, Inkens Tochter
1999	Ausbau meiner Werkstatt

Ich danke meinen Freunden und meinen Kindern, Inken und Erik,
die mich bei diesem Bildband liebevoll unterstützt haben.

Quellenangaben: Rose Ausländer, Aber ich weiß. Aus: dies., Wieder ein Tag aus Glut und Wind.
                      Gedichte 1980–1982. © S. Fischer Verlag GmbH, Frankfurt am Main 1986.
                      Rose Ausländer, In dir (Über dir / Sonne Mond und Sterne). Aus: Einverständnis
                      © Pfaffenweiler Presse, Pfaffenweiler (1980)
                      Mit freundlicher Genehmigung der Verlage

Bibliografische Information Der Deutschen Bibliothek
Die Deutsche Bibliothek verzeichnet diese Publikation in der
Deutschen Nationalbibliografie; detaillierte bibliografische Daten
sind im Internet über http://dnb.ddb.de abrufbar

© by: Christa Iversen, Holm 2004
                      Christians Verlag, Hamburg 2004
Gestaltung: Christa Iversen
Text: Richard E. Drexel
Lithografie: Fotografie Horst Piezug, Hanne Moschkowitz,
                      Hamburg
Druck: christians – partner in media, Hamburg
ISBN: 3-7672-1433-4
                      Printed in Germany